49
Lb 114.

AF232463

DE

L'USURPATION,

ET

DE LA RÉVOLUTION.

DE

L'USURPATION,

ET

DE LA RÉVOLUTION.

A PARIS,

CHEZ PILLET AINÉ, IMPRIMEUR-LIBRAIRE,
ÉDITEUR DU VOYAGE AUTOUR DU MONDE,
De la Collection des Mœurs françaises, anglaises, italiennes, etc,
RUE CHRISTINE, N° 5.

—

1825.

DE
L'USURPATION,
ET
DE LA RÉVOLUTION.

———

La France, après avoir subi deux invasions provoquées, l'une par la démence de l'ambition, l'autre par une honteuse félonie, fut occupée militairement; elle ouvrit ses places à des alliés que, pendant vingt ans, elle avait vaincus. La sagesse du monarque que la providence gardait à ses derniers malheurs, parvint à cicatriser ses plaies. Ce prince triompha des ressentimens de l'Europe, et ce ne fut pas là une des moindres victoires de la légitimité.

Mais deux ennemis puissans pressaient

encore la monarchie : la révolution, qui ne demandait pas qu'on oubliât ses crimes, mais qui exigeait qu'on se ressouvînt de ses principes, et l'usurpation qui, ne songeant déjà plus à ses revers, saisissait avec orgueil toutes les occasions de rappeler ses gloires.

Louis XVIII avait jugé de l'état et des besoins de la France ; il lui avait octroyé la charte. Ce don d'une sagesse supérieure fut reçu avec une respectueuse reconnaissance par tout ce que le pays renfermait d'esprits sages et droits. La révolution ne voulut y voir qu'un hommage rendu à ses doctrines ; l'usurpation, qu'une concession faite à sa puissance.

Pour la révolution, la charte était tout entière dans les articles qui consacrent la vente des biens nationaux, établissent la liberté illimitée de la presse, et défendent de rechercher les opinions et les votes antérieurs ; pour l'usurpation, la charte était tout entière dans les articles 69 et 71, dont l'un conserve les grades, honneurs et pensions, et dont l'autre reconnaît et confirme les titres de la nouvelle noblesse.

L'espoir de la révolution était de ressusciter et de revivre dans la chambre élective ; le désir de l'usurpation, de s'unir et de se confondre doucement avec les vieilles illustrations de l'ancienne monarchie.

Dès lors il y eut séparation dans la conduite des hommes qui appartenaient à ces deux époques ; les uns s'éloignèrent du gouvernement des Bourbons, les autres cherchèrent à s'en rapprocher. La chose était facile pour l'usurpation, qui était déjà en quelque sorte teinte des couleurs de la monarchie, qui en avait imité les formes, emprunté la dignité ; qui en avait adopté les hiérarchies politiques, les distinctions sociales, qui lui ressemblait enfin, à la légitimité près. Or, ce besoin de légitimité ne pouvait manquer de se faire sentir à ceux dont le chef, au plus haut de sa puissance dominatrice, rendait un hommage involontaire à cette consécration des siècles en laissant échapper sur le premier trône du monde le regret de n'être pas lui-même son petit-fils.

Le tems et la raison, la justice et les grâces du souverain éclaircirent les rangs de l'usurpation ; beaucoup des hommes qui l'avaient servie passèrent sous les drapeaux de la légitimité ; ceux dont la carrière avait été signalée par de grandes capacités virent de nouveau s'aplanir devant eux le chemin des affaires publiques ; ils furent admis aux conseils du prince, appelés à la tête de ses armées. Le gouvernement royal leur prodigua cette confiance qui honore et rend fidèles ceux qui en sont l'objet ; les hommes de l'usurpation avaient d'ailleurs un grand avantage sur ceux de la révolution ; ils n'avaient versé que leur sang, et c'était sur des champs de bataille !

Le grand capitaine dont ils avaient secondé la puissance et multiplié les victoires, mourut. L'usurpation, privée de ce redoutable appui, cessa d'être le rêve de ceux mêmes qui, déchus de leurs brillantes espérances, tournaient encore leurs secrètes pensées vers les rochers de Sainte-Hélène. Ils donnèrent un souvenir à l'homme extraordinaire qui les avait placés sur le chemin des honneurs, et désormais tout entiers à la patrie, qui leur demandait compte d'une vie dont la gloire avait illustré les premiers jours, ils s'élancèrent dans les rangs de cette armée d'Espagne qui courait vaincre une révolte et délivrer un Bourbon ; ils couvrirent leurs vieux lauriers d'une palme nouvelle ; un baptême de gloire effaça le passé, et la monarchie française, réunissant autour d'elle les débris d'Austerlitz, de Constance et de Cholet, défendue avec un égal courage par tous ces braves, confondit dans son amour et dans sa reconnaissance le nouveau soldat et l'ancien serviteur.

Ainsi, les hommes de l'usurpation, après avoir accepté les bienfaits de la légitimité, s'associèrent aux dangers et à la gloire de cette monarchie qui leur comptait, comme vertu, les larmes qu'ils versaient sur le tombeau de son ancien ennemi.

Telle ne fut point la conduite de la révolution : vaincue, mais non pas anéantie par le retour de cette dynastie toute française, dont elle avait massacré le chef et proscrit la famille, elle se replia sur elle-même, et, pour qu'on ne pût pas se méprendre sur ses desseins ultérieurs, en présence du trône, elle protestait à chaque instant de son existence ; elle demandait un certificat de vie à chaque conspiration européenne.

Et d'abord, espérant tout de cette issue ouverte au pouvoir démocratique par la charte, la révolution fit de chaque élection un combat contre la monarchie ; ses choix allèrent chercher des hommes qu'une célébrité malheureuse avait depuis long-tems désignés à l'aversion des gens de bien. Ces vétérans de la licence, dont l'usurpation elle-même avait dédaigné les honteux services, lorsque, empruntant les formes protectrices de la royauté, elle essaya de donner à la France le signal du retour à l'ordre; ces doctrinaires de l'anarchie, restes impurs d'une convention sacrilége qui avaient disparu avec nos anciens troubles, et n'étaient revenus qu'avec nos nouveaux malheurs, devinrent les mandataires privilégiés de la révolution; la nomination de ses élus devait rappeler une époque, consacrer un principe, représenter une doctrine. L'insurrection eut son interprète, et le régicide lui-même obtint le scandaleux honneur d'une double représentation; en rejetant l'une, la chambre des députés donna un exemple mémorable de justice et de convenances politiques; en gardant sur l'autre un silence religieux, elle s'associa à la clémence royale et consacra l'hérédité du pardon.

La révolution avait publiquement contesté au roi de France le droit d'octroyer une charte à ses peuples; il fallait, pour être valide à ses yeux, que cet acte de souveraineté, émané des seules volontés de la nation, fût imposé par elle au monarque, qui aurait humblement juré de s'y soumettre; une telle hérésie politique fut long-tems soutenue par la révolution, qui tentait tous les moyens d'exhumer la constitution de 1791 : ses efforts n'obtinrent aucun succès. Ne pouvant parvenir à détruire ou à changer l'origine de la charte, la révolution s'appliqua à en dénaturer le sens : elle interpréta dans son intérêt chacun des articles de ce pacte fondamental.

Ainsi, ce n'était pas seulement l'inviolabilité de la vente des propriétés nationales qu'elle trouvait dans l'article 9; mais elle prétendait encore y découvrir l'assurance que les sacrifices de l'émigration resteraient sans indemnités, les infortunes de l'exil sans consolations, comme si, en traçant cet article commandé à sa haute politique par le besoin de sécurité de son royaume, le cœur d'un Bourbon avait pu consentir à rendre immuables les misères de la fidélité.

L'article qui ouvre à tous les Français, sans distinction, la carrière des emplois publics, devint pour la révolution le gage de l'inamovibilité de ses anciens disciples, et de l'élévation de ses nouveaux apôtres.

Dans la liberté illimitée de la presse, elle ne trouvait que l'avantage de calomnier le pouvoir et de déconsidérer les dépositaires de l'autorité royale.

La révolution, qui ne voulait pas entendre parler de pardon, repoussa les lettres de grâces qui lui avaient été accordées par l'article 11 de la charte. C'était l'oubli du crime et non la remise du châtiment qu'elle lisait dans cet article, qui interdit aux tribunaux la recherche des opinions et des votes émis en l'absence de la légitimité. Plus que jamais fidèle au dogme effrayant de la souveraineté du peuple, la révolution s'obstinait à ne voir dans la charte que l'amnistie de la royauté.

De quelle épouvante ne fut-elle pas saisie lorsqu'elle s'aperçut que la charte, concession du monarque, s'exécutait au profit de la monarchie! c'est alors qu'elle comprit tous les dangers qui la menaçaient; la révolution se crut perdue; elle n'avait plus, pour abuser la multitude, ni la magie des mots, ni la nouveauté des choses, ni l'intérêt des masses, ni l'audace des hommes; l'éternité pesait sur la tombe de la plupart de ses chefs; quelques-uns s'étaient dérobés à l'importunité des souvenirs; ils achevaient dans la retraite des jours usés par les remords : l'exil avait éloigné les plus coupables.

Cependant le royaume de France renfermait encore dans son sein de ces esprits malfaisans, providence du désordre, qui, voyant avec désespoir l'anéantissement de leurs coupables espérances, s'agitaient pour ressaisir l'influence qui leur échappait, et pour échapper au mépris qui les saisissait de toutes parts. Le peuple, au nom duquel on avait aboli les distinctions, renversé le trône, spolié l'autel, s'étant aperçu qu'au partage des dépouilles il ne recueillait que sa part d'infamie, avait depuis long-tems abdiqué; il se contentait d'être heureux, sans songer à redevenir puissant; il manquait à tous les appels de la révolte.

A qui donc recourir? Ce n'était point parmi les victimes et les témoins de ses fureurs que la révolution pouvait recruter des appuis. Tout homme qui avait vieilli avec elle conservait un souvenir trop profond de ses turpitudes sanglantes, pour consentir à en protéger le retour. Il fallait, de nécessité, s'adresser à des imaginations neuves et crédules qui, pour croire à ses bienfaits, n'eussent point été frappées du spectacle de ses cruautés. Les hommes de la révolution recoururent à cette jeunesse ardente, qui, née sous le consulat ou l'empire, n'avait pu assister aux funérailles de la monarchie. Ils saluèrent d'une perfide admiration cette génération naissante dont l'inexpérience était d'autant plus facile à égarer qu'une combinaison politique l'avait constamment tenue dans l'ignorance des hommes et des crimes de la révolution, et que, grâce à la direction de ses études actuelles, elle sort républicaine des colléges royaux.

Le front ceint du bandeau impérial, Bonaparte ne s'était point cru encore assez puis_sant pour briser, sans danger, les instrumens de son élévation; forcé d'admettre la révolution dans ses conseils, dans son administration, il ne lui avait emprunté que des hommes d'un talent incontestable, et cependant telle était sa répugnance pour ces serviteurs obligés, qu'il les avait lui-même déguisés sous des titres propres à faire perdre le souvenir du premier nom qu'ils avaient

déshonoré ; instinct ; merveilleux ! Tandis
qu'on ne pouvait, en France, s'habituer à
substituer aux noms si glorieusement connus
d'Oudinot, de Moncey, de Macdonald, de
Victor, les titres de ducs de Reggio, de Co-
négliano, de Tarente et de Bellune, l'on
s'accoutuma sans peine à prononcer les nouveaux titres qu'il avait plu à Bonaparte
d'imposer à des hommes bien autrement fa-
meux, tant on était pressé d'en finir avec la
révolution, et d'effacer de sa mémoire tout
ce qui pouvait en rappeler les excès !

Bonaparte, qui sentait le besoin d'appuyer
sa puissance sur la considération, craignit
que des écrits accusateurs, que de simples
et trop fidèles révélations contemporaines
ne livrassent à la haine publique quelques-
uns des hommes dont il avait été contraint
de s'entourer ; il enchaîna la presse et mu-
sela l'histoire ; sous le consulat, les écrivains
reçurent l'ordre de garder le silence sur les
époques désastreuses de la révolution, et si,

2

dans les ouvrages politiques qui se publièrent pendant l'administration impériale, il fut permis de pleurer les victimes, ce fut toujours sous la condition expresse de ne pas flétrir les bourreaux; la république avait proscrit les souvenirs de la monarchie, ceux de la révolution furent mis à l'index par l'empire.

Il résulta de ce silence forcé que la jeunesse, qui s'élevait à l'ombre du pouvoir despotique, n'eut qu'une connaissance imparfaite de notre histoire révolutionnaire, et que les mêmes hommes qui, sous leur nom véritable, auraient été l'objet de son exécration, obtinrent en quelque sorte ses hommages; elle ne pouvait deviner ces républicains farouches, cachés qu'ils étaient sous les titres féodaux, qu'ils avaient eux-mêmes abolis dix ans auparavant, et couverts de la protection d'un trône élevé sur les ruines de celui qu'ils avaient abattu.

Les hommes de la révolution s'accoutumèrent à cet oubli de leurs crimes. La jeunesse, qui ne les avait connus que sous leur nouvelle livrée, leur tint compte du talent qu'ils déployèrent dans cette position. Elle applaudissait de bonne foi aux principes de justice et de législation si savamment discutés par l'auteur de la loi des suspects ; elle croyait à la probité politique de cet homme qui avait organisé la victoire sur la table où il dressait des listes de proscription ; elle s'extasiait à l'aspect d'un chef-d'œuvre tracé par la main qui avait signé l'assassinat de Louis XVI: Vus du côté de l'empire, les régicides avaient perdu leur horrible physionomie politique.

Il faut le dire, à la louange de Bonaparte : fils de la révolution, il était coupable envers elle d'une glorieuse ingratitude ; il en était devenu l'ennemi le plus implacable, la révolution ne l'ignorait pas ; c'est en frémissant de rage qu'elle escortait son trône ; c'est la haine dans le cœur qu'elle tendait la main à ses bienfaits ; elle ne lui pardonnait pas l'orgueilleux mépris dont il affectait de couvrir ses disciples, ni les avances multipliées qu'il ne cessait de prodiguer à cette classe d'anciens serviteurs de la monarchie, qui, sur la foi de son nom, étaient venus achever de vieillir aux lieux de leur naissance, et demander une tombe au sol de la patrie. La vénération que Bonaparte portait à ces vieilles familles, dont l'éclat touchait de si près à la royauté de Charlemagne ; l'appel fait à ces héros du Bocage, dont il tenta d'égarer la fidélité ; ces autels expiatoires élevés aux cendres royales de dix siècles qu'un jour de barbarie avait dispersées ; ces hommages extérieurs, dont il entourait la religion avant d'en avoir persécuté le premier apôtre, étaient autant de forfaits dont la révolution gardait la mémoire, et qu'elle ne croyait pas assez expiés par le martyre d'un Condé.

Si donc la révolution avait conservé une attitude menaçante devant l'homme le mieux fait pour la comprimer; si elle s'était sourdement déclarée en hostilité permanente contre le génie de l'usurpation, dont les allures monarchiques lui paraissaient un outrage à la pureté de ses doctrines populaires; si elle s'indignait en secret d'une gloire militaire qui éclipsait ses conquêtes politiques; si de l'or, des rangs et des honneurs ne lui semblaient pas une compensation suffisante de la perte de ce pouvoir de sang qui avait marqué chacun des jours de son règne, doit-on s'étonner de la violence avec laquelle elle se déchaîna contre le retour de la légitimité qui la frappait d'anathème, et de son empressement à se jeter dans les bras du banni de l'île d'Elbe, lorsque celui qui s'était fait le successeur de Charlemagne consentit à descendre au rôle humiliant de protecteur des fédérés?

Non, la révolution n'est pas détruite; elle n'est pas même soumise; vivante au cœur de ceux qui se sont faits trop coupables pour

BIBLIOTHÈQUE ROYALE

pardonner à la clémence d'un Bourbon , elle a survécu à l'octroi de la charte qui devait être son arrêt de mort ; cette opposition systématique , qui déclare attentatoire aux droits du peuple toute mesure prise dans l'intérêt de la monarchie , et trouve dans chaque acte du pouvoir un motif de dénigrement contre l'autorité ; cette opposition furieuse qui poursuit de sa haine le magistrat fidèle à ses devoirs, le prêtre fidèle à son culte et le citoyen fidèle à son roi ; cette opposition cauteleuse , qui va caressant le monarque et dénonçant les dépositaires de ses volontés , qui exalte le discernement du prince et blâme ses choix, vante sa parole et répudie ses actes , c'est la révolution tout entière essayant de faire revivre son ancienne puissance sous des formes nouvelles , et posant un pied hardi dans tous les sentiers qui aboutissent à la révolte.

Et qu'on ne vienne pas , en désaveu d'une pareille accusation , et pour prouver que

l'opposition n'est pas révolutionnaire, ci-
ter des noms que l'estime publique n'a
point encore abandonnés. La révolution est
aux aguets de toutes les espérances trom-
pées, de toutes les ambitions déçues. Quelle
que soit l'opinion politique d'un mécontent,
elle s'empare de son nom, elle l'enrôle sous
sa bannière, et signale à l'Europe sa nouvelle conquête : elle va jusqu'à simuler des
alliances honorables, jusqu'à parer de ses
couleurs des hommes d'état tout-à-fait étran-
gers à ses manœuvres comme à ses espérances ; elle se grossit de renforts imaginaires
à l'aide desquels elle trompe les uns sur ses
forces réelles, de même qu'elle abuse les
autres sur ses véritables desseins, en affec-
tant de placer à sa tête des citoyens estima-
bles, qui seraient sans reproche, si les ver-
tus privées étaient toujours un sûr garant de
la droiture des vues politiques.

Ce sont en effet ces derniers qui font la
force et perpétuent les dangers de la révo-

lution. Les esprits qui s'égarent de bonne foi, ont je ne sais quoi d'attrayant qui précipite l'égarement des autres.

Si la révolution n'avait pour interprètes que des hommes qui prêchassent ouvertement ses doctrines, le remède serait, pour ainsi dire, à côté du mal ; mais aujourd'hui, comme en 1789, elle a ses Condorcet, ses Bailly, ses Malheserbes, peut-être ! C'est à l'aide de pareils noms qu'elle fait et des dupes et des prosélytes. Ils composent l'avant-garde du parti ; ils préparent les succès du reste de la troupe, avec laquelle ils ne font ordinairement qu'une campagne, car dès que la révolution se sent sur son terrain, elle se débarrasse de ces soldats timides qui n'osent se porter plus avant ; elle se sépare de guides qui s'arrêtent tout effrayés du chemin qu'on leur a fait faire, et, pour plus de sûreté, c'est l'échafaud qui est chargé de prononcer cette séparation.

J'ai dit que les hommes de l'usurpation

s'étaient ralliés autour du trône ; la dernière campagne en offre une preuve irrécusable ; ils étaient présens avec nous au champ d'honneur sous les drapeaux de Henri IV. La révolution était en face , elle faisait cause commune avec la révolte de Cadix. Naples et Turin lui avaient envoyé ses représentans ; ils comptaient parmi cette armée de *contumaces européens*, que des écrivains de France ne rougissaient pas d'offrir à leurs compatriotes comme un modèle d'honneur et de loyauté.

N'est-ce pas un des guerriers les plus illustres de l'usurpation qui, le premier, conçut la noble pensée de venir au secours des malheurs de la fidélité ? et plût à Dieu qu'alors nous eussions eu un ministère assez fort, assez habile pour mettre en œuvre la proposition de M. le duc dé Tarente !

Et tandis que l'usurpation elle-même reconnaît et proclame la justice, la nécessité de cette grande mesure politique dont les résultats sont immenses pour le bien du pays, la révolution s'arme de tous ses sophismes, de toutes ses fureurs pour repousser une loi de paix publique et d'humanité qui doit fermer une des plus grandes plaies qu'elle ait faite, et que le tems n'a point encore cicatrisée. Et d'où vient qu'elle s'oppose à l'exécution de ce projet? Il n'est point question de détruire un de ses *bienfaits*, comme disent ses adeptes, mais seulement d'effacer la trace d'un de ses crimes, de réconcilier deux classes de citoyens dont l'union, si long-tems différée, et consommée par ce grand acte, assurerait à l'avenir la sécurité de l'état et la prospérité du royaume ; mais de telles considérations ne sont d'aucun poids devant la révolution, ou plutôt il lui importe de n'y point céder ; elle veut que des misères éternelles perpétuent le souvenir effrayant de sa puissance ; il faut que des ruines vivantes témoignent de ses triomphes passés, et soient comme autant d'avertissemens au peuple de l'immensité de sa force et de l'énergie de ses volontés.

Un moment on a cru que l'avènement de Charles X avait comme étouffé les derniers germes de la révolution. Ses apôtres avaient feint de s'unir à l'allégresse publique; leurs voix s'étaient mêlées aux acclamations populaires, et ne semblaient pas les moins empressées de célébrer les espérances du nouveau règne! Il était naturel de penser que, vaincue par cette noble générosité d'un Bourbon qui ne voulait se souvenir que des services, la révolution ne mettrait plus obstacle aux justices de la royauté. L'erreur n'a pas duré long-tems. Au premier vœu exprimé par les hommes de bien, de voir cesser l'ingratitude de la restauration, la révolution s'est séparée, avec violence, de la monarchie; elle a repris son langage; elle est redevenue elle-même; elle a répudié l'alliance momentanée qu'elle avait essayé de contracter avec cette portion de royalistes

qui marche toujours avec la royauté, quel-
quefois avec le gouvernement. La révolution
a sonné l'alarme de tous côtés; elle s'est in-
terposée de nouveau entre la justice et le
malheur; et confondant à dessein les époques et les origines de nos désastres, elle a
dressé une liste de tous ses forfaits, dont
elle a demandé la réparation à ses premières
victimes.

Afin d'attiédir la pitié qu'excite dans les
ames le spectacle d'une grande infortune
récente, la révolution a rapproché la révocation de l'édit de Nantes de l'émigration;
elle a comparé entre eux ces deux événe-
mens, qui n'ont aucune espèce de simili-
tude, et elle a conclu de ce rapprochement
que, puisque les souffrances de l'une n'a-
vaient pas été entièrement soulagées, il était
convenable de laisser les maux de l'autre
sans guérison.

Le bon sens suffirait seul pour faire justice de ce raisonnement de bourreau. Ce-

pendant, sans rappeler que les religionnai-
res, levant l'étendard de la révolte, ont été
long-tems en guerre ouverte contre la monarchie, qu'ils s'étaient déclarés les ennemis
d'un trône dont les émigrés se sont constamment montrés les défenseurs; sans rappeler que la révocation de l'édit de Nantes
accorda à ceux qu'elle frappait la faculté de
s'exiler avec leurs biens; faculté qui ne fut
point accordée aux émigrés; sans répéter
que la révolution a appauvri la France, et
que la spoliation des émigrés a enrichi le
pays; que la première lui porta un coup fu-
neste en bannissant les hommes qui culti-
vaient l'agriculture et l'industrie, et dotè-
rent l'étranger de l'expérience de leurs
lumières et du fruit de leurs travaux; tandis
que la seconde, au contraire, contribua sin-
gulièrement aux progrès de l'agriculture et
de l'industrie, en exilant les hommes dont
on gardait les biens et dont on exploita la
fortune, ce qui établit une énorme diffé-

rence dans les résultats de ces deux grandes catastrophes politiques. Je me bornerai à combattre une de ces grosses calomnies inventées, propagées, par la révolution, avec une merveilleuse adresse, et surtout avec ce zèle qui ne l'a jamais abandonnée dans la carrière du mal.

La révolution n'ose pas, en face de la restauration, vanter la justice de la mesure odieuse qui dépouilla les émigrés ; mais elle se rejette sur le malheur des tems et elle nie la spoliation ; elle pousse la générosité jusqu'à plaindre ceux qu'elle a dépouillés ; mais, dit-elle, la confiscation est légale! la confiscation a eu lieu en vertu des lois sous le régime desquelles nous vivions alors! Les émigrés ne l'ignoraient pas, ils connaissaient, en quittant la France, le danger qui les menaçait dans leur fortune ; ils s'y exposèrent volontairement! Jusqu'en 1824, la confiscation avait existé dans tous les codes, et la révolution a fait usage d'une peine qui était alors en vigueur ; l'application sans doute en a été terrible, mais elle était prévue par l'émigration elle-même !....

Qui ne croirait, d'après ces paroles, que la confiscation existait en France lors de l'émigration ? Rien n'est pourtant moins vrai. Un décret du 21 janvier 1790 avait aboli la confiscation des biens des condamnés dans tous les cas. Or, qui ne sait que ce fut vers la fin de cette année que commencèrent les premières émigrations ? Les émigrés sortirent donc de France sans connaître le sort qui les attendait plus tard. La loi qui remit en vigueur la confiscation, et les dépouilla de leurs biens, ne fut rendue que plus de deux ans après leur sortie.

La révolution avait entouré le trône de tant de dangers et d'humiliations, elle avait accablé le monarque de chaînes si pesantes, qu'il résolut de s'y soustraire et de les briser. Si jamais l'émigration avait besoin d'être justifiée par un grand exemple, le départ de Louis XVI deviendrait pour elle une honorable approbation, une sanction irrécusable.

La déclaration laissée par le roi, en partant, ne parlait pas seulement du défaut de liberté qu'il éprouvait depuis le 6 octobre 1789; de la violation du droit des gens; de la spoliation des propriétés; de la destruction de la monarchie; des outrages dirigés contre le prince, dont la famille n'était plus en sûreté en France; elle contenait encore une protestation formelle contre tous les actes émanés de lui pendant sa captivité. Or, à qui persuadera-t-on que, depuis son arrestation à Varennes et son retour à Paris, le roi, à qui l'on avait précédemment retiré le droit de grâce, que l'on suspendait maintenant de toutes ses fonctions législatives et exécutives, et que, plus tard, la constitution de 1791 ne replaça sur le trône de France qu'en qualité de délégué du peuple souverain; lui refusant le droit de dissoudre la représentation, de lui proposer des lois, et limitant à deux ans seulement son *veto*, au bout duquel tems tout décret de l'assemblée devenait exécutoire malgré la volonté royale. A qui persuadera-t-on, dis-je, que Louis XVI, depuis le 21 juin 1791, ait joui de la liberté d'exprimer sa pensée? Tous les actes législatifs de cette époque portent l'empreinte des violences qui lui ont été faites pour les parer de sa sanction.

Ce fut le 9 décembre 1791 que l'assemblée législative proposa de frapper de séquestre les biens des émigrés. Ce décret, rendu par une majorité qui comptait dans ses rangs les hommes destinés à former la majorité de la convention, fut présenté à la sanction du monarque, qui encore une fois essaya de le marquer de sa réprobation : ce fut le dernier effort de sa puissance expirante.

Trois mois après, et, dans la même session, la même loi révolutionnaire fut re-

produite et votée par les mêmes hommes.
On la représenta de nouveau à l'acceptation
du roi, et ce fut aux cris de *Vive la nation !*
à bas le véto ! qu'elle reparut revêtue de la
sanction d'un monarque dui devait tomber
du trône six mois après et monter à l'échafaud dans l'année !

Et en même tems que l'assemblée con-
damnait les émigrés, elle absolvait les as-
sassins d'Avignon. A la même époque, et
presque dans la même séance, une loi d'amnistie couvrait tous les crimes commis en
l'honneur de la révolution, et une loi de
proscription enveloppait tous les actes d'hé-
roïsme, de vertu, tous les sacrifices faits à
la monarchie!..... Il est vrai qu'en déclarant
traîtres à la nation les émigrés fidèles au roi,
le décret qui les rappelait au sein de leur
patrie, leur offrait une alternative de mort
ou de misère qui devait déterminer leur
choix. L'échafaud était dressé pour ceux
qui rentraient ; la confiscation seule attei-

gnait les ingrats qui se refusaient à croire à la clémence de la révolution.

Eh! quelle autre que la révolution pourrait élever aujourd'hui la voix en faveur de cette loi d'infamie! et contester la justice de la réparation de cette mesure inique sous l'odieux prétexte de cette iniquité! Où en serions-nous, grand Dieu! s'il nous fallait subir toutes les conséquences des mesures *légales* de la révolution! Le décret qui confisque les biens des émigrés au profit de la nation a été précédé d'une loi qui mettait en accusation les princes du sang de la famille royale. Existe-t-il nne pruve à la fois plus convaincante et plus douloureuse de la captivité de Louis XVI que l'adhésion donnée par cs malheureux prince à l'acte législatif qui traduit devant la haute cour nationale d'Orléans les deux Bourbons que le ciel tenait en réserve pour relever le trône de saint Louis et rendre le bonheur à la nation qui proscriyait leurs jours! La présence de

la légitimité n'a-elle pas suffi pour abroger
l a légalité du code sanglant de la révolution! Le trône sera-t-il réduit à amnistier
ses compagnons d'exil et de malheur , et
faudra-t-il réclamer pour la fidélité l'oubli
que la charte accorde à la félonie!

Quoi! la légitimité n'a point reculé devant
les dettes de la république et les créanciers
de·l'empire! Elle a soldé le prix du sang
versé pour ses ennemis, et le sang qui fut
versé pour elle, ne serait pas compté à ses
défenseurs? Ses bienfaits ont récompensé
toutes les gloires acquises en son absence,
et la gloire acquise sous ses yeux resterait
sans récompense! Favorable à ses adver-
saires, elle ne serait même pas juste envers
ses serviteurs!........

L'usurpation crut à la réligion des ser-
mens, elle eût ses illusions de fidélité; la
monarchie adopta sa gloire; l'usurpation a.
adopté les malheurs de la monarchie ; car
elle ne craignait pas qu'on l'accusat de les

avoir fait naître ; mais la révolution, coupable de tous les maux qui assiégèrent le trône, ne voit pas sans effroi la royauté triomphante effacer les traces sanglantes de son ancien pouvoir. Toute réparation est une offense pour elle. Elle est le témoignage humiliant de son impuissance actuelle. La révolution tient à ses crimes, comme la légitimité à ses bienfaits. C'est une propriété à laquelle elle ne veut qu'on touche, et qu'elle défend contre tout ce qui pourrait y porter atteinte ; il lui importe, pour l'honneur de les doctrines, de perpétuer les malheurs de l'émigration. En donnant au moins le spectacle inoui des honneurs qui suivent la trahison et de l'indigence qui attend la fidélité, la révolution continue d'armer les peuples contre les trônes, en leur montrant ce qu'on gagne à les renverser ; ce qu'on perd à les défendre.

FIN.

DE L'IMPRIMERIE DE PILLET AINE,
RUE CHRISTINE, N° 5.

www.ingramcontent.com/pod-product-compliance
Lightning Source LLC
LaVergne TN
LVHW012105030726
842523LV00002B/733